Circuitos

Theodore Buchanan

Asesor

Michael Patterson
Ingeniero en sistemas principal

Créditos de publicación

Rachelle Cracchiolo, M.S.Ed., *Editora comercial*
Conni Medina, M.A.Ed., *Gerente editorial*
Diana Kenney, M.A.Ed., NBCT, *Editora principal*
Dona Herweck Rice, *Realizadora de la serie*
Robin Erickson, *Diseñadora de multimedia*
Timothy Bradley, *Ilustrador*

Créditos de las imágenes: Portada, pág.1
Henrik5000 /iStock; pág.27 Chetan Bansal / Alamy;
pág.23 Douglas W. Jones / Wikimedia Commons; pág.10
Getty Images / Lonely Planet Images; págs.2, 5, 6, 7, 8,
11, 13, 14, 16, 17, 18, 19, 20, 23, 25, 32 iStock; págs.28, 29
J.J. Rudisill; pág.24 KPA/United Archives/WHA/Newscom;
pág.26 Nathan Barry; pág.19 Newscom; pág.25 Richard
Luria / Science Source; págs.9, 12, 15, 16, 20, 21 Travis
Hanson; las demás imágenes cortesía de Shutterstock.

Teacher Created Materials

5301 Oceanus Drive
Huntington Beach, CA 92649-1030
http://www.tcmpub.com

ISBN 978-1-4258-4698-5

Contenido

Bucles

Las luces de neón parpadean. Se oye el tic, tic de las computadoras. La tostadora hace plap. Se oye una música celestial. El mundo está lleno de la electricidad y sus efectos.

¿Qué moldea, mueve y controla toda esta electricidad? ¡Los **circuitos**! Un circuito es una trayectoria circular. Crea un recorrido para que la **corriente** eléctrica fluya.

Cosas sencillas, como las linternas, están compuestas de un solo circuito. Otras máquinas más complejas, como las computadoras, están hechas de miles de circuitos. Los circuitos pueden ser diminutos o cubrir millas de terreno. Sin importar el tamaño o la complejidad, los circuitos impactan el mundo de formas asombrosas.

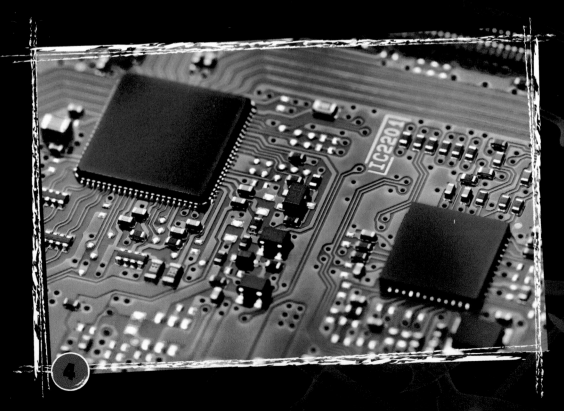

El circuito humano

Quizás no te sorprenda saber que los robots están llenos de circuitos. ¿Pero creerías que también lo están los seres humanos? La electricidad fluye a través del cuerpo y salta de una célula a la otra. Los circuitos del cerebro le indican al resto del cuerpo lo que debe hacer. Son más complejos que los circuitos de una batería, pero funcionan de la misma forma.

De aquí para allá

Por lo general, la electricidad es invisible, y puede que esto la haga parecer misteriosa. Pero los científicos la han estado estudiando durante cientos de años. En el camino, han aprendido algunas cosas asombrosas.

Toda la materia está compuesta por diminutas partículas llamadas *átomos*. Los átomos componen todo, desde las anguilas eléctricas hasta las bombillas. Estos átomos son muy pequeños. Miles de millones de átomos pueden entrar en el punto que está al final de una oración.

Incluso hay partículas más pequeñas, llamadas *protones*, *neutrones* y *electrones* que componen los átomos. Los protones y neutrones se agrupan para formar el núcleo, que se encuentra en el centro del átomo. Los electrones son más pequeños y livianos. Se mueven alrededor del núcleo. Los protones tienen una carga positiva. Los electrones tienen carga negativa. Los neutrones no tienen carga.

Los electrones están en constante movimiento. Saltan fácilmente de un átomo a otro. Cuando el flujo de electrones es constante, crea una corriente eléctrica.

Se necesitan 6,000,000,000,000,000,000 de electrones para encender una bombilla eléctrica de 100 vatios por apenas un segundo.

¿Qué tan rápida es la electricidad?

La electricidad viaja a través del espacio a la velocidad de la luz. Eso es 1,079,252,848 kilómetros por hora (670,616,629 millas por hora). Se mueve a, aproximadamente, 1/100 de esta velocidad cuando viaja a través de cables eléctricos. ¡Y aún es demasiado rápido para que los seres humanos la vean!

Entonces, ¿a dónde van todos estos electrones cuando están dando vueltas? Muchos viajan a través de circuitos. Un circuito se forma cuando se conecta una fuente de energía a algo que recibe la corriente.

Con frecuencia, los científicos tratan de comprender situaciones sencillas antes de abordar cuestiones más complejas. Entonces, observemos un circuito muy sencillo. Todo lo que incluye es un cable, una bombilla y una batería. La corriente eléctrica viaja desde la batería por el cable hasta la bombilla.

Lo más importante sobre este circuito es que forma una trayectoria circular. Apenas se elimina una parte o se desconecta un cable, la bombilla deja de funcionar.

Tinta eléctrica

No siempre necesitas cables para crear un circuito. Los científicos han descubierto otros materiales que se pueden utilizar para formar circuitos. ¡Hasta existe un tipo especial de tinta que se puede usar para formar un circuito!

La tinta especial puede crear un circuito

Simplifica

Al estudiar circuitos, resulta útil hacer diagramas sencillos que muestren exactamente cómo funciona el circuito y nada más. Un diagrama esquemático, como el que está a continuación, muestra solo las partes principales. El uso de símbolos estándar ayuda a los ingenieros a dibujar rápidamente los diagramas.

Se coloca un punto o círculo en el diagrama para mostrar dónde se conecta la bombilla eléctrica.

Las líneas rectas indican los cables.

Este símbolo indica que allí va una batería.

Los científicos no solo diseñan circuitos con una corriente que fluye a través de ellos. También miden la corriente. Esto los ayuda a predecirla y controlarla.

El **voltaje** es como la presión que empuja una corriente eléctrica a través de un cable. El concepto es similar a la presión del agua. ¿Alguna vez has intentado lavarte el cabello cuando la presión del agua es demasiado baja? Es difícil quitarte el champú del cabello. Un nivel alto de presión del agua también puede ser demasiado intenso. ¡Tampoco quieres irte por el desagüe! La presión eléctrica funciona de la misma forma. Un voltaje bajo produce efectos leves. Pero un voltaje alto puede dar una descarga fuerte.

Los **amperios** son una medida de la cantidad de electrones que pasan por segundo por un determinado punto. De igual manera que más gotas de lluvia hacen que una tormenta sea más fuerte, más electrones hacen que la corriente sea más fuerte.

Las anguilas eléctricas usan la electricidad para defenderse. Pueden producir una descarga eléctrica de hasta 600 voltios con un solo amperio.

Medir los amperios

Los electricistas usan un multímetro para medir los amperios. Así es como lo hacen. **Nota:** ¡Nunca pruebes por ti mismo la electricidad!

1. Primero, los electricistas observan el multímetro para ver cuántos amperios puede medir. Algunos modelos pueden medir solo hasta 10 amperios, mientras que otros pueden medir 200.

2. Para probar la energía de una casa, programan el multímetro en CA (corriente alterna). Para probar una batería, lo programan en CC (corriente continua).

3. Luego, establecen el rango en el multímetro. El rango es la sensibilidad a los amperios.

4. A continuación, los electricistas apagan los disyuntores. Conectan el multímetro al circuito.

5. Luego, encienden nuevamente el disyuntor. Si no se produce una lectura en el multímetro, cambian el rango.

6. Finalmente, cuando terminan, apagan el disyuntor nuevamente antes de retirarlo y reconectar el circuito.

¡Cuidado!

- La electricidad puede darte una descarga. Usa siempre guantes gruesos de caucho.

- No trabajes en un ambiente húmedo. El agua funciona como conductor de la electricidad.

- Lee completamente el manual para el usuario para asegurarte de que estás usando los dispositivos eléctricos correctamente.

Todo analógico

En la actualidad estamos rodeados de pantallas táctiles, controles remotos y lujosos videojuegos. Estos dispositivos de alta tecnología funcionan gracias a circuitos **digitales**. Pero nadie hubiera podido desarrollar un circuito digital sin antes conquistar las partes y las piezas de los circuitos analógicos. Después de todo, todos los circuitos digitales son analógicos, pero no todos los circuitos analógicos son digitales.

interruptor

batería

El interruptor también se llama *disyuntor*. ¿Puedes suponer por qué?

Un **circuito en serie** tiene un solo trayecto eléctrico. ¡Es por eso que es tan sencillo hacerlos! Todo lo que necesitas en el circuito se puede alinear en el mismo cable. Pero eso significa que si falla un componente, entonces nada funciona.

El diagrama que está al lado izquierdo muestra una serie de luces que están en un circuito en serie. Todas las bombillas están alineadas en una larga serie. Desafortunadamente, no siempre funcionan bien. Al igual que las baterías, las bombillas no duran para siempre. Con el tiempo, el filamento, que es el pedacito de metal que enciende la bombilla, se quemará. Esto rompe el circuito.

Interruptores

¿De qué sirve una bombilla si no se puede apagar y encender? Los interruptores abren y cierran un circuito. Se pueden usar para apagar una bombilla eléctrica. Cuando se rompe el circuito, la electricidad no puede fluir. Es igual que como cuando se quema una bombilla en un circuito en serie. Rompe el flujo eléctrico. Si se quema una bombilla, todas las demás se apagan.

Circuitos paralelos

Los **circuitos paralelos** tienen más de un trayecto eléctrico por el cual moverse. Si hay más de un trayecto, entonces es un circuito paralelo, de allí el nombre. La mayoría de los hogares tienen conexiones de circuitos paralelos. De esa forma, si se apaga una bombilla, no se desconecta todo el circuito. No te gustaría que se apagaran todas las luces de tu casa cuando apagas el televisor. Los circuitos paralelos mantienen las luces encendidas.

La electricidad puede tomar múltiples trayectos en un circuito paralelo. Al moverse en la trayectoria circular, la corriente eléctrica debe entrar en un único **reóstato**. Según las leyes de la física, debe viajar por el trayecto con la menor resistencia. Si la corriente de ambos trayectos es la misma, entonces se dividirá equitativamente a través de cada reóstato. Si se desconecta un reóstato, entonces elegirá el otro trayecto. Esto es lo que le permite que el circuito continúe.

¡Cuidado con la sobrecarga!

Piensa en tu casa. Si enchufas muchos cables en la pared (un circuito paralelo) la resistencia baja. Recuerda, cuando la resistencia disminuye, aumenta la corriente total. Entonces cuando enchufas más cables, la corriente debe aumentar. Si enchufas demasiados, ¡puede ser peligroso!

¿En paralelo o en serie?

Compara un circuito en serie con uno en paralelo usando una batería de 9 voltios, cinta adhesiva, papel de aluminio, dos bombillas eléctricas y la ayuda de un adulto.

1. Pega una tira de 8 pulgadas de papel de aluminio al extremo positivo y otra al extremo negativo de la batería de 9 voltios.

2. Envuelve el papel de aluminio que está pegado al extremo positivo alrededor de una bombilla. Envuelve una tira de 4 pulgadas de papel de aluminio alrededor de ambas bombillas.

3. Toca la segunda bombilla con el papel de aluminio conectado al extremo negativo. ¡Este es un circuito en serie! Intenta sacar una bombilla del circuito. ¿Qué le sucede a la otra?

4. Retira las bombillas del circuito. Envuelve dos tiras de 4 pulgadas de papel de aluminio alrededor del papel de aluminio del extremo positivo.

5. Envuelve los otros extremos de estas tiras alrededor de las bombillas. Toca las bombillas con el papel de aluminio conectado al extremo negativo. Este es un circuito paralelo. Intenta sacar una bombilla del circuito. ¿Qué le sucede a la otra?

6. ¿Qué tipo de circuito es más útil? ¿Cuál hace que brillen más las luces?

Hemos visto los circuitos en serie. Hemos visto los circuitos paralelos. Pero los circuitos no son siempre tan sencillos. En ocasiones, tienen partes en serie y partes en paralelo. Estos son los circuitos complejos. Es útil estudiar los sencillos circuitos en serie y circuitos paralelos porque nos ayudan a comprender cómo funciona la electricidad. Pero la mayoría de los dispositivos electrónicos tienen circuitos complejos. Las computadoras tienen circuitos complejos. ¡Y también los teléfonos!

Exploración de los circuitos

Estudiar los circuitos puede ser desde un simple pasatiempo hasta una carrera profesional de tiempo completo. Los diseñadores de circuitos generalmente trabajan para empresas de tecnología, diseñando circuitos para productos. Con su conocimiento sobre los circuitos, algunos hasta diseñan la iluminación de espectáculos de teatro o en lugares como Disneylandia.

Un pájaro en un cable

Si un pájaro se posa sobre un tendido eléctrico y toca dos cables al mismo tiempo, puede completar un circuito eléctrico, ¡lo que enviará electricidad al pájaro y lo sorprenderá con una descarga inesperada!

Cortocircuito

Un cortocircuito ocurre cuando una parte de un circuito no está conectada correctamente. La ilustración que está en el lado derecho muestra un circuito mal hecho. Aquí falta una de las partes básicas de un circuito. Un circuito debe incluir una fuente de energía, una conexión y el objeto que recibe la energía. Pero aquí, la fuente de energía y el objeto que recibe la energía son la misma cosa: una batería. En vez de enviar la electricidad a través de una bombilla eléctrica, el circuito la lleva a un atajo. Viaja desde un extremo de la batería al otro. La batería recibe una gran descarga de electricidad, se sobrecalienta y podría incendiarse.

PELIGRO DE INCENDIO

Controlar los circuitos

Ya sea que construyan un circuito en serie, en paralelo o complejo, los científicos eligen cuidadosamente sus materiales.

Algunos materiales permiten que la electricidad fluya más fácilmente que otros. Entre ellos están la plata, el oro, el cobre y el agua. Todos estos materiales conducen bien la electricidad. Los **conductores** están hechos de átomos con electrones libres que se pueden mover fácilmente. Los metales están entre los mejores conductores. Es por esto que los cables de muchos circuitos están hechos de cobre.

Pero los cables generalmente están cubiertos de caucho. ¿Por qué será? El caucho es un **aislante**, lo opuesto a un conductor. No conduce bien la electricidad. En los aislantes, los átomos tienen anillos de electrones muy juntos que no pueden moverse. Evitan que la electricidad fluya. El vidrio, la madera y el plástico son buenos ejemplos de aislantes.

Los aislantes son importantes. Evitan que recibamos una descarga. También suelen no transportar el calor. Una placa metálica en un patio de juegos puede calentarse bajo el sol. El plástico generalmente no se calienta tanto. Una cacerola puede calentarse sobre la estufa de la cocina, pero la manija de plástico queda más fría. El plástico es el aislante más común. Pero no funciona para todo. Para trabajos más grandes con mayor cantidad de electricidad, se utiliza un material similar a la cerámica.

conductor

aislante

Los teléfonos inteligentes usan condensadores en las pantallas táctiles. Los electrodos, o puntos donde fluye la electricidad, están incorporados a la pantalla de un teléfono con pantalla táctil.

Condensadores

Los condensadores son similares a las baterías, pero las baterías producen energía y los condensadores almacenan y liberan energía. Si ingresa demasiada electricidad a un condensador, almacenará la energía adicional para usarla después.

Cuando tocas el condensador, la corriente se ve atraída hacia tu dedo.

La computadora que está dentro del teléfono identifica la ubicación del punto de contacto y le dice al teléfono qué hacer.

reóstato

Reóstatos

El propósito de un reóstato dentro de un circuito es hacer más pequeño el flujo de la corriente. Pero los reóstatos hacen más que atenuar las luces. Los reóstatos ajustan la corriente para que se pueda usar en circuitos complejos.

La era digital

Los circuitos analógicos se usan en todo, desde tostadoras hasta **amplificadores**. Pueden ser elegantes y complejos. Pero los circuitos digitales permiten que los diseñadores sean aún más flexibles. Las mismas reglas que rigen los circuitos analógicos se aplican a los circuitos digitales. Y los circuitos digitales pueden hacer las mismas cosas que los circuitos analógicos. Pero pueden hacer más.

Analógico y digital

analógico

El micrófono convierte las ondas sonoras en una señal eléctrica.

Las ondas sonoras viajan hacia un micrófono.

digital

Las ondas sonoras se traducen en una señal digital compuesta por unos y ceros.

La mayoría de la música que escuchamos actualmente se almacena de forma digital. Este formato nos permite almacenar mucha información (o canciones) en un pequeño dispositivo. Es más sencillo trasladar y enviar la información por largas distancias. No obstante, algunos amantes de la música prefieren el viejo formato analógico. Es que cuando la música se convierte a formato digital, se pierden algunos de los sonidos más graves y agudos. Esto lo hace apto para un dispositivo pequeño, pero no suena con la misma calidad.

La señal pasa a través de un amplificador, que la amplía.

Un altoparlante hace vibrar el aire, lo que crea una onda sonora.

La señal digital se almacena en una computadora.

La señal digital se traduce y envía a los altoparlantes, que vibran en el aire.

Los circuitos digitales pueden ser muy pequeños. ¿Tienes un control remoto viejo dando vueltas por la casa? Míralo por dentro y encontrarás un tablero de circuito impreso (o PCB, por sus siglas en inglés) de color verde. Los PCB son tableros muy delgados hechos de plástico. Unos cables de cobre conectan todos los componentes en el tablero. Se usa el cobre porque es un buen conductor. Una vez que se **fusionan** los cables al tablero, forman bucles cerrados. Estos son circuitos diminutos.

Una vez que circula energía por los cables, el tablero puede controlar todos los componentes. Este tipo de tecnología se usa actualmente en teléfonos celulares, cámaras digitales y tabletas.

Circuitos integrados

Con el uso de un nuevo tipo de circuitos llamados circuitos integrados, podemos conducir la electricidad mejor cada año. El tamaño del circuito se disminuye, pero la cantidad de electricidad que puede conducir es cada vez mayor. ¡En la actualidad, los circuitos integrados que caben en tu teléfono tienen más potencia que los circuitos de las computadoras que solían ocupar toda una habitación!

circuito integrado

Circuitos inteligentes

Lleva tiempo diseñar un PCB, pero hacerlo es algo que puede automatizarse fácilmente. Los circuitos se deben crear, revisar y volverse a revisar para verificar su precisión. Los circuitos tienen que estar dibujados con planos detallados. Luego, se tallan en cobre y se deben incorporar los componentes. Pero una vez que el primero esté finalizado, las máquinas pueden hacer millones.

¿Cómo serían los controles remotos de los televisores sin los PCB? Todos los circuitos estarían hechos de cables. Los controles remotos serían gigantes y no sería sencillo usarlos. ¿Quién querría cargar con un control remoto de 12 pulgadas hasta el sofá? ¡Sería mejor levantarse y cambiar de canal! Los PCB permiten a los ingenieros fabricar aparatos más y más pequeños. Hasta han creado tableros flexibles. Así es... ¡se doblan! Esto permite que el tablero quepa en lugares extraños y abre oportunidades para nuevas tecnologías.

uno de los primeros tableros de circuito hecho a mano

¡Conéctate!

Se puede generar electricidad a partir del viento, el agua, el sol, ¡y hasta de desechos animales! Sin embargo, muchos artículos electrónicos dependen de simples baterías.

Las baterías se usan como fuente de energía móvil. Una reacción química dentro de la batería produce una gran cantidad de electrones. Cuando el circuito se cierra, los electrones se mueven desde el extremo negativo de la batería hasta el extremo positivo. Las baterías dejan de funcionar cuando se agotan los químicos que están dentro. Si ya no hay electrones, no hay más electricidad.

Es posible que las baterías más grandes duren más. Pero con el tiempo, todas baterías se agotan. Es por esto que muchos artículos electrónicos tienen enchufes en lugar de baterías. Se conectan a los tomacorrientes que reciben electricidad de las plantas eléctricas. Esto crea un circuito de una forma similar. Los electrones fluyen desde un contacto del enchufe. Luego, viajan a través de un alambre y llega a lo que necesite electricidad. Una vez ahí, regresan a través de otro alambre en el mismo cable del electrodoméstico y salen por el otro contacto del enchufe.

¿Cuál es la verdadera energía que alimenta los circuitos? ¡El cerebro! Para construir correctamente un circuito hay que planificar muy cuidadosamente. Trabajar con la electrónica requiere cierta lógica. Sabes que si los voltios se incrementan, la corriente aumenta. Si agregas más interruptores, puedes romper el circuito en más lugares. Los electricistas usan lo que saben sobre la electricidad para crear circuitos complejos precisos. ¡Qué idea tan brillante!

Alessandro Volta inventó la primera batería en el siglo XIX. Gaston Plante, en esta imagen, fue quien inventó la primera batería recargable en 1859.

célula
fotovoltaica

Baterías naturales

Los paneles solares, o "paneles fotovoltaicos", convierten la luz solar en electricidad. Funcionan de la misma forma que un circuito: ¡usando electrones! Los paneles están hechos de silicio. Cuando llega luz al panel, los electrones se mueven en el silicio y fluyen a través de cables que están incorporados al panel.

Circuito completo

Existen muchas formas de circuitos. Proporcionan energía para todo, desde bombillas sencillas hasta aviones de alta tecnología. A las personas les tomó miles de años comprender la electricidad. Pero en la actualidad, sabemos que con un poco de energía y algunos cables podemos convertir casi *todo* en un circuito. Plátanos. Masa. ¡Hasta lápices pueden crear circuitos!

Además, los ingenieros encuentran nuevos lugares donde colocar circuitos. En un futuro, quizás no sea raro encontrar circuitos en la ropa. Y si continuamos perfeccionándolos, se podrían diseñar dispositivos con circuitos para protegernos del sol, ayudarnos a hacer ejercicio y supervisar la salud.

Es fácil experimentar con circuitos. Hoy en día, la nueva tecnología permite a artistas, científicos y a otros pensadores creativos pintar circuitos sobre el vidrio, las telas y hasta en la piel. Entonces, ¿por qué no cargas tus baterías y piensas qué puedes hacer? ¡El mundo es tu circuito!

Un estudiante demuestra cómo formar un circuito con plátanos.

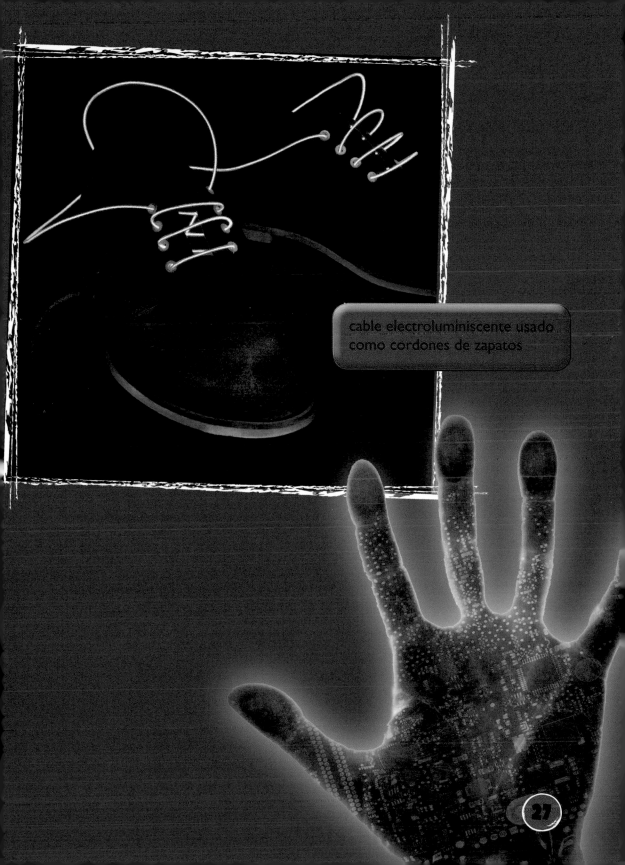

cable electroluminiscente usado
como cordones de zapatos

Piensa como un científico

¿Cómo puedes usar un limón para encender una bombilla eléctrica? ¡Experimenta y averígualo!

Qué conseguir

 1 juego de luces festivas con 2 pulgadas de cable de más

 2 pulgadas de cable

 clavo de cinc

 clavo de cobre

 limón

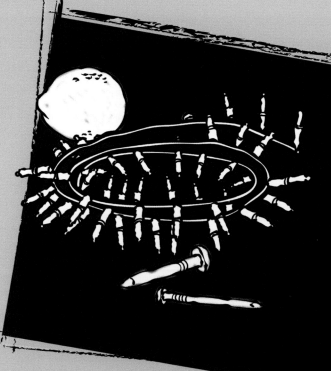

Qué hacer

1 Rueda el limón apretándolo contra una mesa para ablandarlo y soltar el jugo.

2 Inserta los clavos de cinc y cobre en el limón separándolos por dos pulgadas. No dejes que atraviesen al otro lado del limón.

3 Retira el aislante del juego de luces. Deberías poder ver el alambre que está debajo.

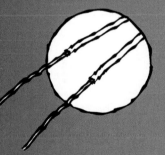

4 Envuelve un alambre alrededor de cada clavo.

5 Observa lo que sucede. ¿De dónde crees que el limón obtiene su energía? ¿En qué se parece a una batería?

Glosario

aislante: un material que permite que poco o nada de calor, electricidad o sonido entre o salga de algo

amperios: unidades para medir la velocidad a la que fluye la corriente eléctrica

amplificadores: dispositivos que aumentan la intensidad de las señales eléctricas de forma que los sonidos que se reproducen desde un sistema electrónico suenen más fuertes

circuito en serie: un circuito eléctrico que tiene un solo trayecto para que siga la electricidad

circuitos: recorridos completos que hacen las corrientes eléctricas

circuitos paralelos: circuitos eléctricos que tienen más de un trayecto para que siga la electricidad

conductores: materiales u objetos que permiten que la electricidad o el calor se transporten a través de ellos

corriente: un flujo de electricidad

digitales: que usan tecnología informática o característico de ella

fusionan: se unen o se pegan

reóstato: un dispositivo que se usa para controlar el flujo de la electricidad en un circuito eléctrico

voltaje: la fuerza de una corriente eléctrica que se mide en voltios

Índice

¡Tu turno!

Observar circuitos

¡Observa cómo funcionan los circuitos! Busca una tira de luces festivas que funcione con un circuito en serie. Busca otra tira de luces que tenga un circuito en paralelo. Retira una bombilla de cada tira. ¿Qué les sucede a las otras luces? ¿Cuáles son los puntos a favor y en contra que tiene el circuito en serie? ¿Cuáles son los puntos a favor y en contra que tiene el circuito paralelo?